Impressum
Verlag: BABADADA GmbH, Nedderfeld 112 , 22529 Hamburg
Geschäftsführer / Verlagsleitung: Harald Hof
Druck: Books on Demand GmbH, In de Tarpen 42, 22848 Norderstedt

Imprint
Publisher: BABADADA GmbH, Nedderfeld 112 , 22529 Hamburg, Germany
Managing Director / Publishing direction: Harald Hof
Print: Books on Demand GmbH, In de Tarpen 42, 22848 Norderstedt, Germany

ትምህርት ቤት

escuela

መማሪያ ክፍል
aula
ማካፈል
dividir
186/2
ሰሌዳ
pizarra
የትምህርት ቤት ቅጥር ግቢ
patio
መምህር
maestro/a
ወረቀት
papel
መፃፍ
escribir
እስክሪብቶ
bolígrafo
መፃፊያ ጠረጴዛ
escritorio
ማስመሪያ
regla
መጽሐፍ
libro
ተማሪ
alumno/a

የጀርባ ቦርሳ
....
cartera

የእርሳስ መያዣ
....
caja de lápices

እርሳስ
....
lápiz

የእርሳስ መቅረጫ
....
sacapuntas

ላጲስ
....
goma de borrar

የስዕል ደብተር
....
cuaderno de dibujo

ስዕል
dibujo

የቀለም ብሩሽ
pincel

የቀለም ሳጥን
caja de pinturas

መቀስ
tijeras

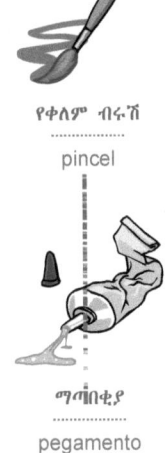

ማጣበቂያ
pegamento

መልመጃ ደብተር
cuaderno de ejercicios

የቤት ስራ
deberes

12

ቁጥር
número

2+2

መደመር
sumar

5-2

መቀነስ
restar

2×2

ማባዛት
multiplicar

ቁጥሮችን ማስላት
calcular

A

ደብዳቤ
letra

ABCDEFG
HIJKLMN
OPQRSTU
VWXYZ

ፊደላት
alfabeto

hello

ቃል
palabra

ፅሑፍ
....
texto

ማንበብ
....
leer

ጠመኔ
....
tiza

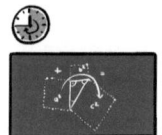

ትምህርት
....
lección

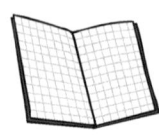

ምዝገባ
....
cuaderno de notas

ፈተና
....
examen

ሰርተፊኬት
....
certificado

የትምህርት ቤት የደንብ ልብስ
....
uniforme escolar

ትምህርት
....
educación

አዉደ ጥበብ
....
enciclopedia

ዩኒቨርስቲ
....
universidad

የምርምር አጉሊ መሳርያ
....
microscopio

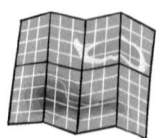

ካርታ
....
mapa

የቆሻሻ ወረቀት መጣያ ቅርጫት
....
papelera

viaje

ሆቴል
hotel

Grand

ማረፊያ ቤት
albergue

ROOMS

የዉጭ ገንዘብ ምንዛሪ ቢሮ
oficina de cambio de divisas

CHANGE

ልብስ መያዣ ሻንጣ
maleta

መኪና
coche

ቋንቋ

idioma

አዎ/ አይደለም

sí / no

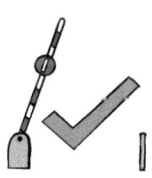

እሺ

Vale

ሰላም

hola

አስተርጓሚ

traductor

አመሰግናለሁ

Gracias

ስንት ነዉ.......?

¿cuánto es...?

አልገባኝም

No entiendo

እክል

problema

እንደምን አመሹ!

¡Buenas tardes!

እንደምን አደሩ!

¡Buenos días!

መልካም ምሽት!

¡Buenas noches!

ደህና ይሰንብቱ

adiós

አቅጣጫ

dirección

ሻንጣ

equipaje

ቦርሳ

bolsa

የጀርባ ቦርሳ

mochila

እንግዳ

invitado

ክፍል

habitación

የመተኛ ቦርሳ

saco de dormir

ድንኳን

tienda de campaña

የጎብኚዎች መረጃ

....

información turística

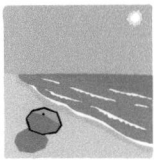

የባህር ዳርቻ

....

playa

ክሬዲት ካርድ

....

tarjeta de crédito

ቁርስ

....

desayuno

ምሳ

....

almuerzo

እራት

....

cena

ቲኬት

....

billete

አሳንሰር

....

ascensor

ማህተም

....

sello

ድንበር

....

frontera

ባህሎች

....

aduana

ኤምባሲ

....

embajada

ቪዛ/የይለፍ ወረቀት

....

visa

ፓስፖርት

....

pasaporte

መጓጓዣ

transporte

አዉሮፕላን
avión
መርከብ
barco
የእሳት አደጋ መኪና
coche de bomberos
አዉቶብስ
autobús
የጭነት መኪና
camión
የሞተር ጀልባ
lancha a motor
ብስክሌት
bicicleta
መኪና
coche

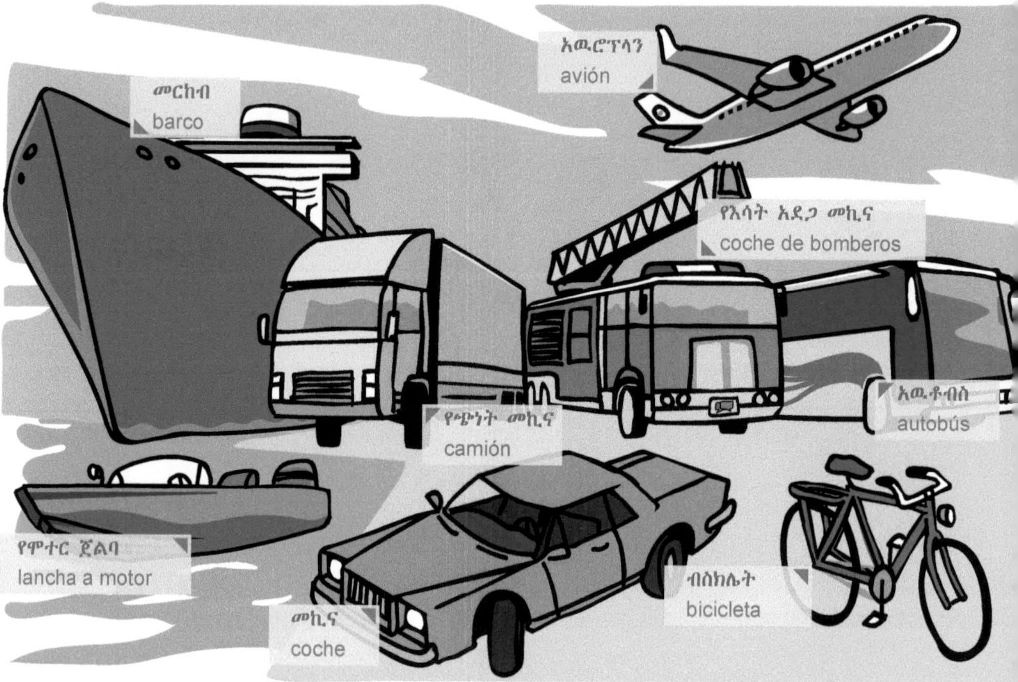

የማመላለሻ ጀልባ

transbordador

ጀልባ

barca

የሞተር ብስክሌት

moto

የፖሊስ መኪና

coche de policía

የዉድድር መኪና

coche de carreras

የኪራይ መኪና

coche de alquiler

የመኪና መጋራት
....
préstamo de vehículos

ጎታች መኪና
....
grúa

የቆሻሻ ጭነት መኪና
....
camión de la basura

ሞተር
....
motor

ነዳጅ
....
gasolina

የቤንዚን ማደያ
....
gasolinera

የመንገድ ምልክት
....
señal de tráfico

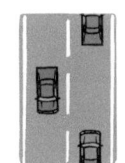

የመኪኖች እንቅስቃሴ
....
tráfico

የመኪና መጨናነቅ
....
atasco

የመኪና ማቆሚያ
....
aparcamiento

የባቡር ጣቢያ
....
estación de tren

የባቡር ሀዲዶች
....
vías

ባቡር
....
tren

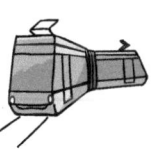

የኤሌክትሪክ ባቡር
....
tranvía

ሰረገላ
....
vagón

ሄሊኮፕተር

helicóptero

አየር ማረፊያ

aeropuerto

ማማ

torre

መንገደኛ

pasajero

ማስቀመጫ፤ ማጠራቀሚያ

contenedor

ካርቶን እቃ ማሸጊያ

caja de cartón

ጋሪ፤ ተሳቢ

carretilla

ቅርጫት

cesta

መነሳት/ ማረፍ

despegar / aterrizar

ከተማ

ciudad

መንደር

pueblo

የከተማ ማዕከል

centro de ciudad

ቤት

casa

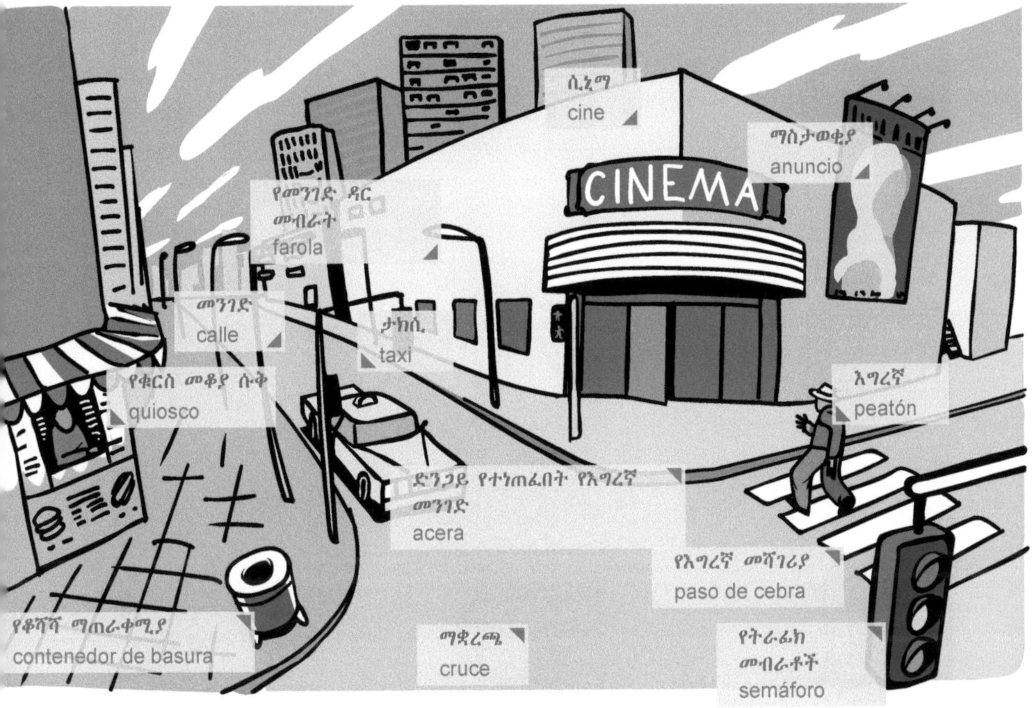

ሲኒማ
cine
ማስታወቂያ
anuncio
CINEMA
የመንገድ ዳር መብራት
farola
መንገድ
calle
ታክሲ
taxi
የቁርስ መቆያ ሱቅ
quiosco
እግረኛ
peatón
ድንጋይ የተነጠፈበት የእግረኛ መንገድ
acera
የእግረኛ መሻገሪያ
paso de cebra
የቆሻሻ ማጠራቀሚያ
contenedor de basura
ማቋረጫ
cruce
የትራፊክ መብራቶች
semáforo

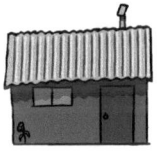

ጎጆ

cabaña

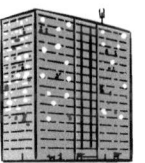

አፓርታማ

apartamento

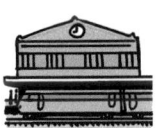

የባቡር ጣቢያ

estación de tren

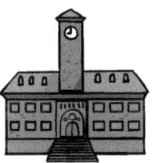

የከተማ አዳራሽ

ayuntamiento

MUSEUM

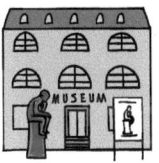

ቤተ መዘክር

museo

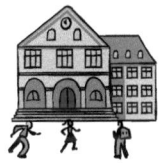

ትምህርት ቤት

escuela

ዩኒቨርስቲ

universidad

ባንክ

banco

ሆስፒታል

hospital

ሆቴል

hotel

መድሐኒት ቤት

farmacia

ቢሮ

oficina

መፅሐፍ መሸጫ

librería

ሱቅ

tienda

የአበባ መሸጫ

floristería

የሸቀጣ ሸቀጥ መደብር

supermercado

ገበያ ስፍራ

mercado

መደብር

grandes almacenes

የዓሳ ነጋዴ

pescadería

የገበያ ማዕከል

centro comercial

ወደብ

puerto

መናፈሻ ቦታ
....
parque

አግዳሚ ወንበር
....
banco

ድልድይ
....
puente

ደረጃዎች
....
escaleras

ዉስጥ ለዉስጥ
....
metro

ዋሻ
....
túnel

የአዉቶቡስ ፌርማታ
....
parada de autobús

ባር
....
bar

ምግብ ቤት
....
restaurante

የፖስታ ሳጥን
....
buzón

የመንገድ ምልክት
....
poste indicador

የመኪና ማቆሚያ ሒሳብ የሚያሰላ
·····ማሽን·····
parquímetro

የደር እንስሳት ማቆያ
....
zoo

የመዋኛ ገንዳ
....
piscina

መስጊድ
....
mezquita

ከተማ - ciudad

እርሻ

granja

የሚበክል ነገር

contaminación

መቃብር ስፍራ

cementerio

ቤተ ክርስቲያን

iglesia

መጫወቻ ሜዳ

patio de juego

ቤተ መቅደስ

templo

መልከዓምድር

paisaje

ቅጠል
hoja
የመንገድ ላይ ምልክት
señal
መንገድ
camino
አረንጓዴ መስክ
prado
ድንጋይ
piedra
በእግሩ የሚጓዝ
excursionista
ዛፍ
árbol
ወንዝ
río
ሳር
hierba
አበባ
flor

ሸለቆ

valle

ኮረብታ

colina

ሀይቅ

lago

ጫካ

bosque

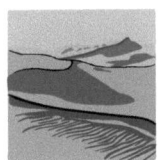

በረሃ

desierto

እሳተ ገሞራ

volcán

ግምብ

castillo

ቀስተ ዳመና

arcoíris

እንጉዳይ

champiñón

የቴምብር ዛፍ/ ዘንባባ

palmera

ቢንቢ/ የወባ ትንኝ

mosquito

በራሪ

mosca

ጉንዳን

hormiga

ንብ

abeja

ሸረሪት

araña

ጢንዚዛ

escarabajo

እንቁራሪት

rana

ሽኮኮ

ardilla

ጃርት

erizo

ጥንቸል

liebre

ጉጉት ወፍ

lechuza

ወፍ

pájaro

የዉሃ ዳክዬ

cisne

ከርከሮ

jabalí

አጋዘን

ciervo

አጋዘን

alce

ግድብ

presa

በነፋስ የሚሽከረከር

turbina eólica

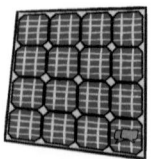

የፀሀይ ፓኔሎ

panel solar

አየር ንብረት

clima

አስተናጋጅ
camarero

ማዉጫ
menú

ወንበር
silla

ሾርባ
sopa

ፒዛ
pizza

መክተፊያ
cubertería

የጠረጴዛ ጨርቅ
mantel

የምግብ ፍላጎትን የሚከፍት
···ምግብ···
primer plato

ዋና ምግብ
plato principal

ማጣጣሚያ ተከታይ ምግብ
postre

መጠጦች
bebidas

ምግብ
comida

ጠርሙስ
botella

ፈጣን ምግብ

comida rápida

የመንገድ ምግብ

comida callejera

የሻይ ማንቆርቆሪያ

tetera

የስኳር እቃ

azucarero

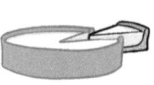

ድርሻ

porción

የቡና ማፈያ ማሽን

cafetera expreso

ባለጌ ወንበር

trona

የክፍያ ደረሰኝ

cuenta

ትሪ

bandeja

ቢላዋ

cuchillo

ሹካ

tenedor

ማንኪያ

cuchara

የሻይ ማንኪያ

cucharilla

ልብስ ምግብ እንዳይነካ የሚረዳ
ጨርቅ
servilleta

ብርጭቆ

vaso

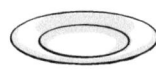

ዝርግ ሰሀን

plato

የሾርባ ጎድጓዳ ሰሀን

plato hondo

የስኒ ማስቀመጫ

platillo

ማጣፈጫ ስጎ

salsa

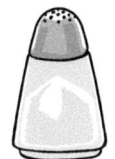

የጨዉ እቃ

salero

የተፈጨ ቃሪያ

molinillo de pimienta

ኮምጣጤ

vinagre

የምግብ ዘይት

aceite

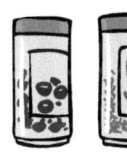

ቀመማ ቅመሞች

especias

የቲማቲም ድልህ

ketchup

ሰናፍጭ

mostaza

ማዮኒዝ

mayonesa

የሸቀጣ ሸቀጥ መደብር

supermercado

ልዩ አቅራቦት
oferta especial
ደምበኛ
cliente
የወተት ተዋፅዖ
lácteos
ፍራፍሬ
fruta
ባለ ጎማ የእጅ ጋሪ
carro de la compra

ሉካንዳ ነጋዴ

carnicería

መጋገርያ

panadería

ክብደት መመዘን

pesar

ቅጠላ ቅጠል አትክልት

verduras

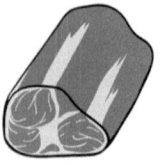

ስጋ

carne

የቀዘቀዘ/የረጋ ምግብ

alimentos congelados

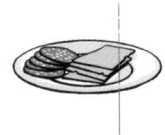

ቀዝቃዛ ቁራጭ

....

fiambres

የታሸገ ምግብ

....

conservas

የማጠቢያ ዱቄት

....

detergente en polvo

ጣፋጮች

....

dulces

የቤት ዉስጥ ዉጤቶች

....

productos de uso doméstico

የፅዳት ምርቶች

....

productos de limpieza

የሽያጭ ባለሙያ

....

vendedora

የገንዘብ መመዝቢያ ማሽን

....

caja

የሒሳብ ሰራተኛ

....

cajero

የግዢ ዝርዝር

....

lista de la compra

ክፍት ሰዓታት

....

horario de atención al público

የኪስ ቦርሳ

....

cartera

ክሬዲት ካርድ

....

tarjeta de crédito

ቦርሳ

....

bolsa

የፕላስቲክ ቦርሳ

....

bolsa de plástico

መጠጦች

bebidas

ውሃ

agua

ጭማቂ

zumo

ወተት

leche

ኮካ-ኮላ

cola

ወይን

vino

ቢራ

cerveza

አልኮል

alcohol

ኮካ

cacao

ሻይ

té

ቡና

café

የተፈላ ቡና

expreso

ካፕቺኖ

capuchino

ሙዝ

plátano

ፖም

manzana

ብርቱካን

naranja

ሀብሀብ

melón

ሎሚ

limón

ካሮት

zanahoria

ነጭ ሽንኩርት

ajo

ሸምበቆ

bambú

ቀይ ሽንኩርት

cebolla

እንጉዳይ

champiñón

ለዉዝ

avellanas

የህፃናት ምግብ

fideos

ፓስታ

espagueti

ሩዝ

arroz

ሰላጣ

ensalada

የድንች ጥብስ

patatas fritas

ድንች ጥብስ

patatas fritas

ፒዛ

pizza

ዳቦ ዉስጥ በስሱ ተጠብሶ የገባ ስጋ

hamburguesa

ሳንድዊች

sándwich

ጥሬ ስጋ

filete

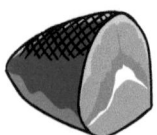

የአሳማ ስጋ

jamón

በቅመምና በጨዉ የታሸ ምግብ ቀዝቅዞ የሚበላ ሾርባ ምግብ

salami

ቋሊማ

salchicha

ዶሮ

pollo

ጥብስ

asado

አሳ

pescado

የአጃ ገንፎ
....
copos de avena

ከወተት ጋር ተደባልቀዉ የሚበሉ
"ምግቦች"
muesli

የበቆሎ ቅርፊት
....
copos de maíz

ዱቄት
....
harina

ኩራሳ
....
cruasán

ድብልብል ዳቦ
....
panecillo

ዳቦ
....
pan

መጥበስ
....
tostada

ብስኩት
....
galletas

ቅቤ
....
mantequilla

እርጎ
....
cuajada

ኬክ
....
pastel

እንቁላል
....
huevo

እንቁላል ጥብስ
....
huevo frito

አይብ
....
queso

የበረዶ ክሬም

helado

ስኳር

azúcar

ማር

miel

ማርማላት

mermelada

የተናጠ የወተት ክሬም

crema de turrón

ማጣፈጫ

curry

እርሻ
granja

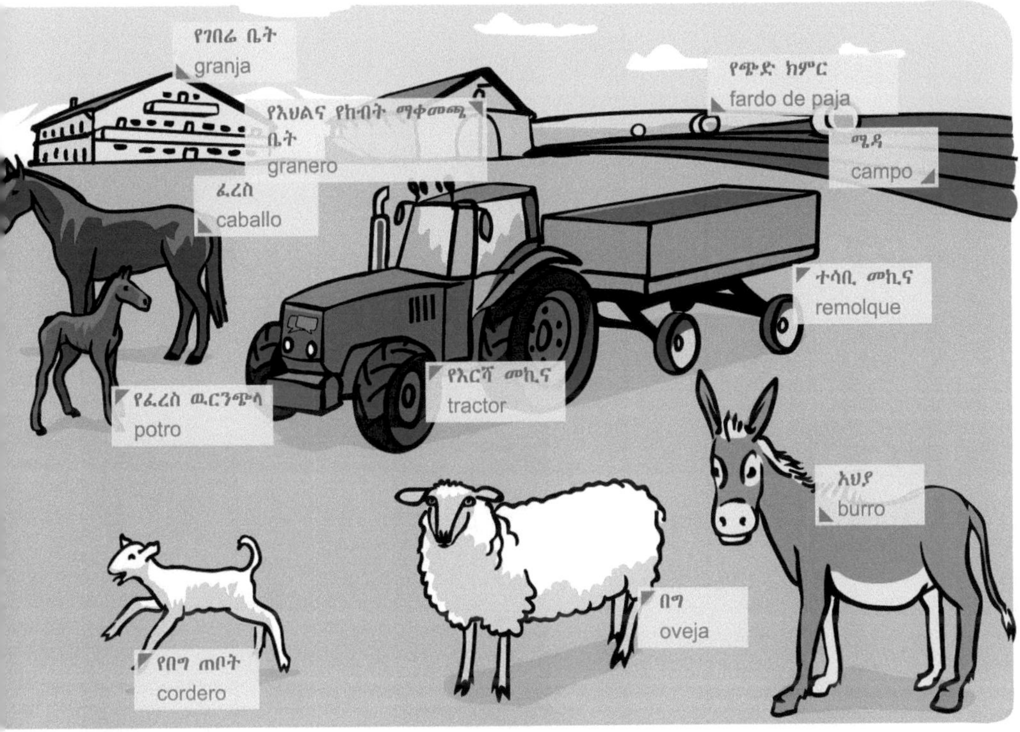
የገበሬ ቤት
granja
የእህልና የከብት ማቀመጫ ቤት
granero
የጭድ ክምር
fardo de paja
ሜዳ
campo
ፈረስ
caballo
ተሳቢ መኪና
remolque
የእርሻ መኪና
tractor
የፈረስ ውርንጭላ
potro
አህያ
burro
በግ
oveja
የበግ ጠቦት
cordero

ፍየል

cabra

ላም

vaca

ጥጃ

ternero

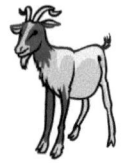

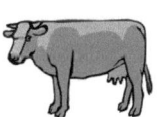

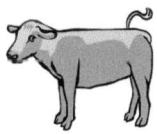

አሳማ

cerdo

ግልገል አሳማ

cerdito

ኮርማ

toro

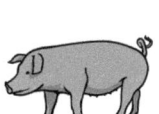

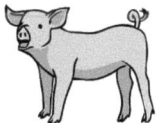

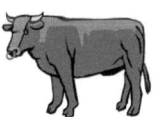

ዝይ

ganso

ዳክዬ

pato

የዶሮ ጫጩት

pollo

ዶር

gallina

አውራ ዶሮ

gallo

አይጥ

rata

ድድመት

gato

አይጥ

ratón

በሬ

buey

ውሻ

perro

የውሻ ቤት

perrera

የአትክልት ቦታ

manguera

ውሃ ማጠጫ ባልዲ

regadera

ረጅም ማጭድ

guadaña

ማረሻ

arado

ማጭድ

hoz

መኮትኮቻ

azada

የእህል መንሽ

horca

መጥረቢያ

hacha

ኩርኩር/ የእጅ ጋሪ

carretilla

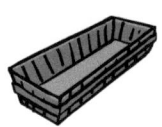

ገንዳ

abrevadero

የወተት ዕቃ

lechera

ጆንያ ከረጢት

saco

አጥር

valla

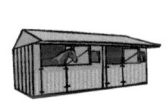

የፈረስ ጋጣ

establo

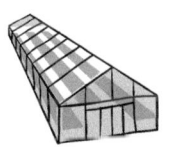

ዕፅዋት ማሳደጊያ የመስታዉት ቤት

invernadero

አፈር

suelo

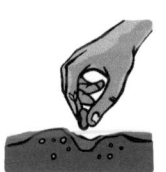

ዘር

semilla

የመሬት ማዳበሪያ

fertilizador

ጥምር ማረሻ

cosechadora

አዝመራ መሰብሰብ

cosechar

አዝመራ

cosecha

ድንች

ñame

ስንዴ

trigo

ሶያ

soja

ድንች

patata

በቆሎ

maíz

የከብት መኖ

semilla de colza

የፍሬ ዛፍ

árbol frutal

የካሳቫ ዛፍ

mandioca

እህል

cereales

ቤት
casa

የጪስ ማዉጫ
chimenea
ጣራ
tejado
አሸንዳ
canalón
መስኮት
ventana
ጋራዥ
garaje
የበር ደወል
timbre
በር
puerta
የቆሻሻ ማጠራቀሚያ
cubo de la basura
ፖስታ ሳጥን
buzón
የአትክልት ቦታ
jardín

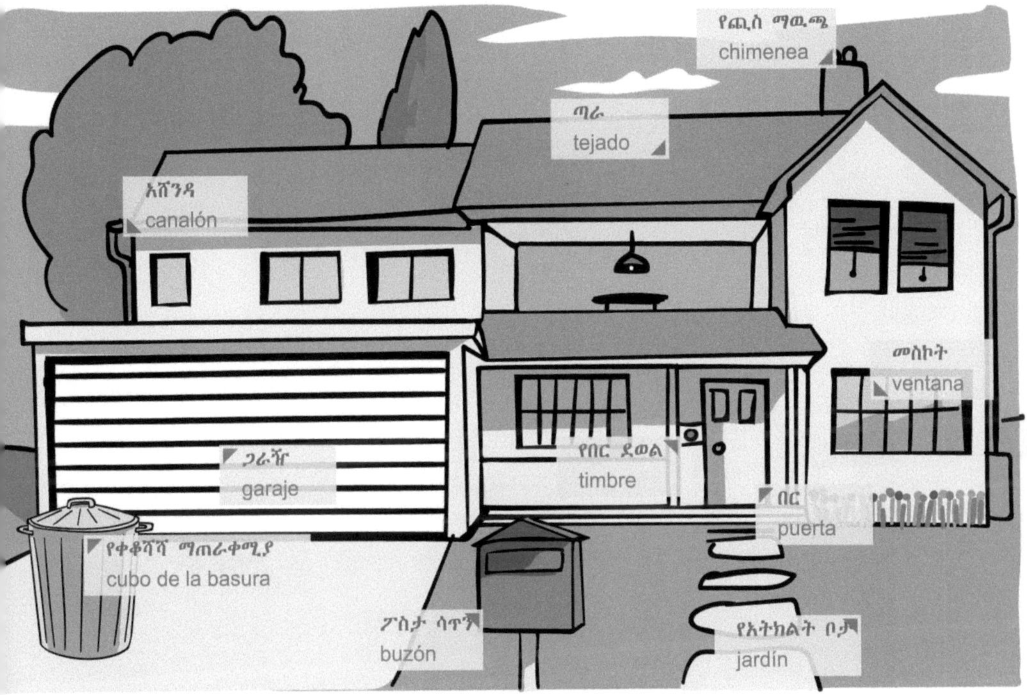

ሳሎን

sala

መታጠቢያ ቤት

cuarto de baño

ማድቤት

cocina

መኝታ ቤት

dormitorio

የልጅ ክፍል

habitación de los niños

መመገቢያ ክፍል

comedor

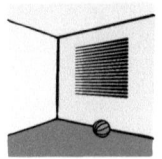

ወለል

suelo

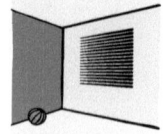

ግድግዳ

pared

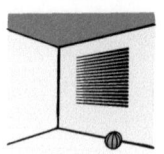

ጣሪያ

techo

ምድር ቤት

sótano

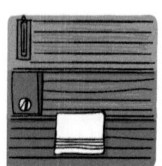

በእንፋሎት ሙቀት መታጠቢያ ቤት

sauna

ሰገነት

balcón

ከፍ ያለ መደብ

terraza

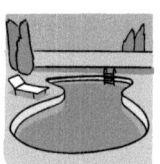

የመዋኛ ገንዳ

piscina

የማጨጃ መኪና

cortacésped

አንሶላ

sábana

የአልጋ ልብስ

colcha

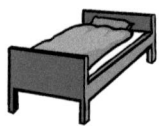

አልጋ

cama

መጥረጊያ

escoba

ባልዲ

balde

ማብሪያና ማጥፊያ

interruptor

ሳሎን
sala

የግድግዳ ወረቀት
papel pintado
ፎቶ
imagen
መብራት
lámpara
መደርደሪያ
estante
ቁም ሳጥን፤ ካቢኔ
armario
televisión
የእሳት መሞቂያ
chimenea
አበባ
flor
ትራስ
cojín
ሶፋ
sofá
የአበባ ማስቀመጫ
jarrón
ሪሞት ኮንትሮል
mando a distancia

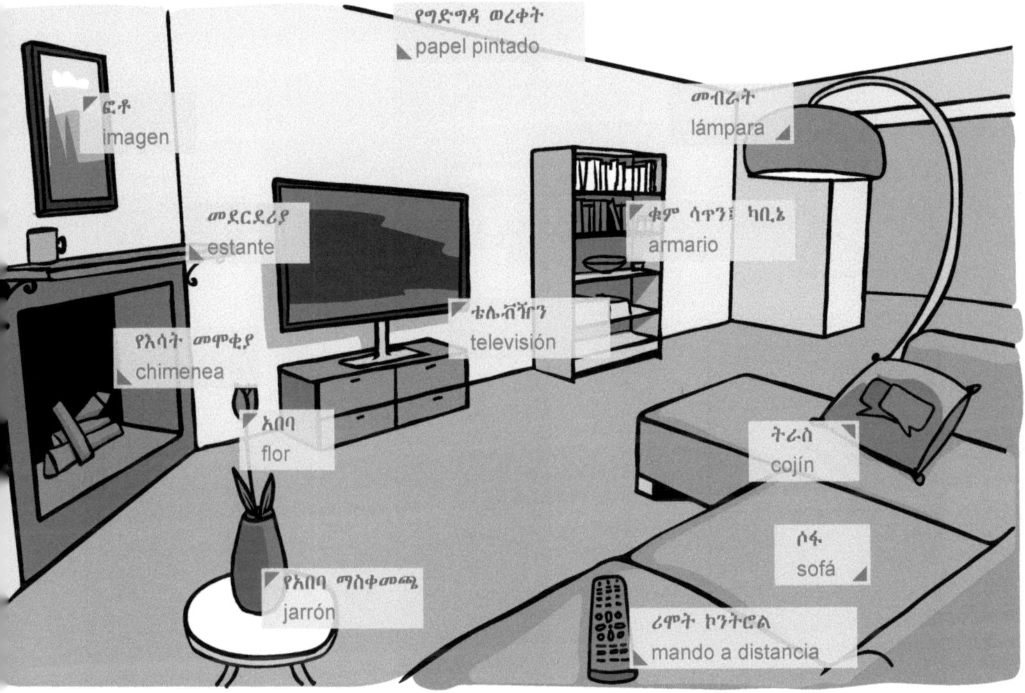

ንጣፍ

alfombra

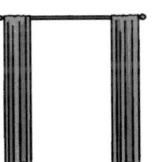

መጋረጃ

cortina

ጠረጴዛ

mesa

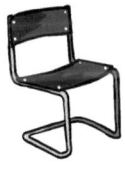

ወንበር

silla

ተወዛዋዥ ወንበር

mecedora

ባለመደገፊያ ወንበር

butaca

መጽሐፍ

libro

ብርድ ልብስ

manta

ጌጥ

decoración

ማገዶ

leña

ፊልም

película

የሙዚቃ መማጬወቻ

equipo de música

ቁልፍ

llave

ጋዜጣ

periódico

ስዕል

pintura

የተለጠፈ ማስታወቂያ እንደ ስዕል

póster

ራዲዮ

radio

ማስታወሻ ደብተር

cuaderno

የአየር ማፅጃ ለምንጣፍ

aspiradora

ቁልቋል

cactus

ሻማ

vela

cocina

ማቀዝቀዣ
refrigerador
ማይክሮዌቭ ምግብ
ማብሰያ
microondas
የኩሽና መመዘኛ ሚዛን
balanza de cocina
ዳቦ መጥበሻ
tostadora
ንፁህ ማድረጊያ
detergente
ምድጃ
horno
ማቀዝቀዣ
congelador
የቀቆሻሻ ማጠራቀሚያ
cubo de la basura
እቃ ማጠቢያ
lavavajillas

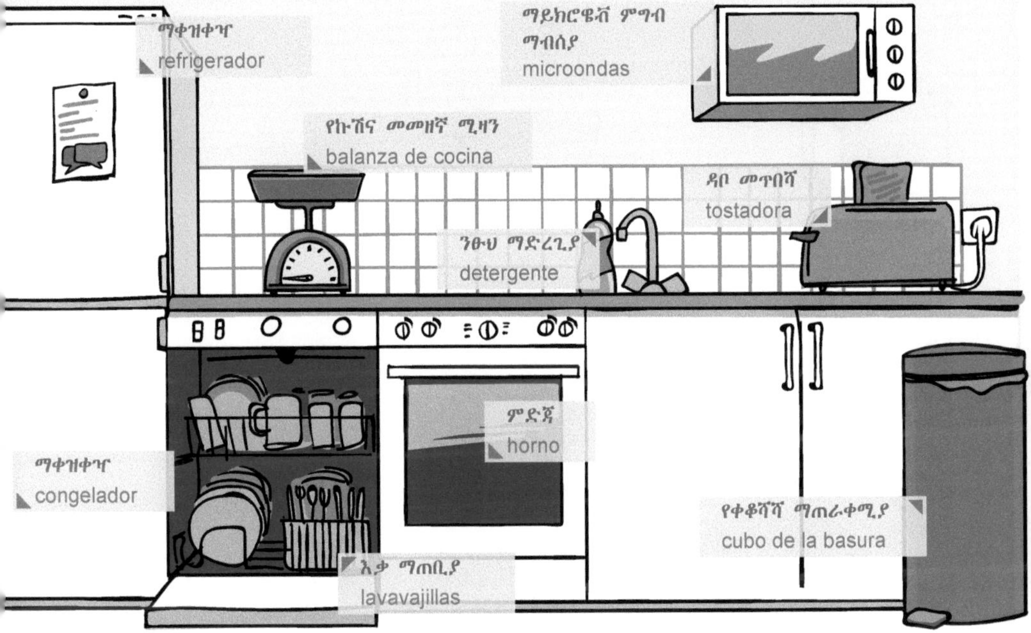

ምግብ አብሳይ

olla a presión

ማሰሮ

olla

የብረት ማሰሮ

olla de hierro fundido

ምግብ ማብሰያ ዝርግ ድስት

wok / karahi

የምግብ መጥበሻ

cazuela

ማንቆርቆሪያ

hervidor

የእንፋሎት ማብሰያ

vaporera

የመጋገሪያ ትሪ

chapa de horno

ሰብስቦች

vajilla

ትልቅ ኩባያ

taza

ጎድጓዳ ሳህን

tazón

ቾፕስቲክስ

palillos

ጭልፋ

cucharón

መሰቅሰቂያ ዝርግ ማንኪያ

espumadera

ማደባለቂያ

batidor

መወጠሪያ

colador

ወንፊት

cedazo

መፈርፈሪያ መሳሪያ

rallador

ሲሚንቶ

mortero

የፍም ጥብስ

barbacoa

የተለቀቀ እሳት

hoguera

መክተፊያ

....

tabla de picar

ተንሸራታች መርፌ

....

rodillo

የጠርሙስ መክፈቻ

....

sacacorchos

ጣሳ

....

lata

የጣሳ መክፈቻ

....

abrelatas

የማሰሮ መሸፈኛ

....

agarrador

ሳህን ማጠቢያ

....

lavabo

ብሩሽ

....

cepillo

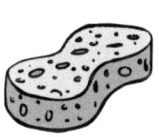

ስፖንጅ

....

esponja

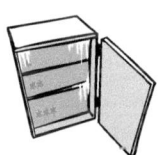

መደባለቂያ መሳሪያ

....

batidora

በጣም ማቀዝቀዣ

....

congelador

ጡጦ

....

biberón

ቧንቧ

....

grifo

መታጠቢያ ቤት

cuarto de baño

ማሞቂያ
calefacción
ፎጣ
toalla
መታጠቢያ
ducha
የመታጠቢያ ቤት መጋረጃ
cortina de la ducha
የአረፋ መታጠቢያ
baño de espuma
የመታጠቢያ ገንዳ
bañera
ብርጭቆ
vaso
የልብስ ማጠቢያ
lavadora
ቧንቧ
grifo
ማዕዘን ወለል
baldosas
ፖፖ
orinal
ሳህን ማጠቢያ
lavabo

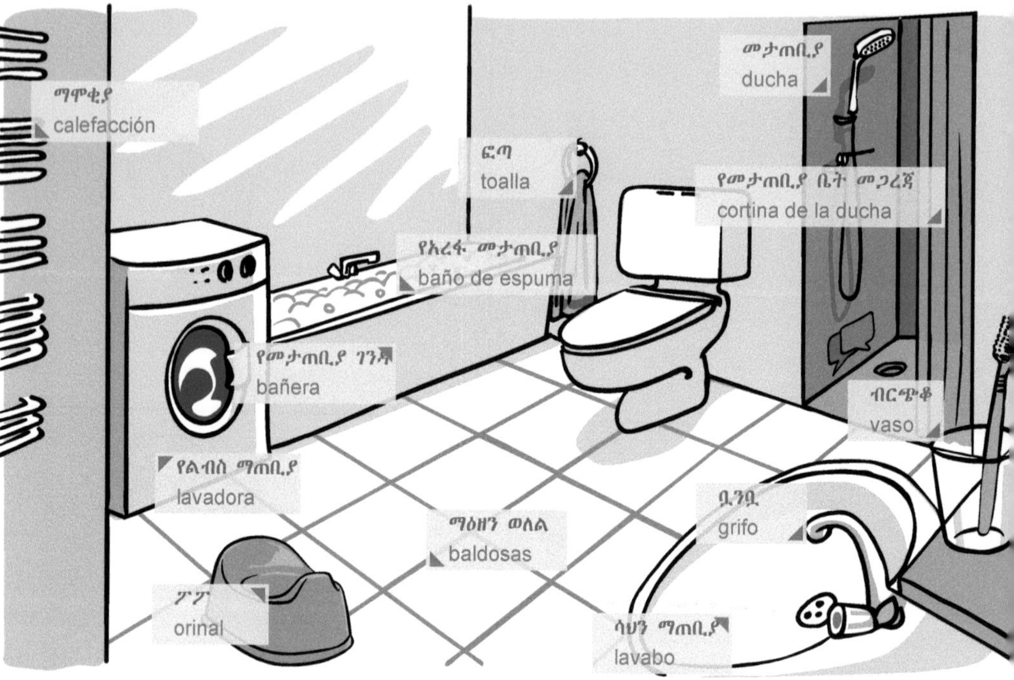

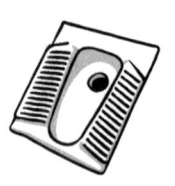

ሽንት ቤት

inodoro

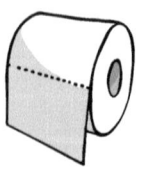

የሽንት ቤት መቀመጫ

inodoro rústico

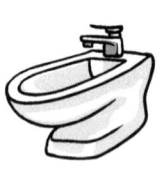

ሳፋ

bidé

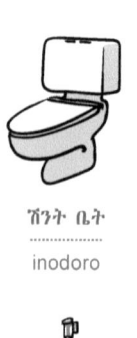

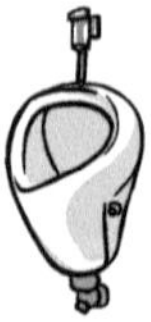

የመንገድ ዳር መሽኛ

urinario

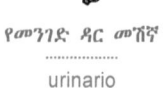

የሽንት ቤት ወረቀት

papel higiénico

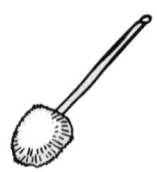

የሽንት ቤት ማፅጃ ብሩሽ

escobilla del váter

የጥርስ ብሩሽ

cepillo de dientes

የጥርስ ሳሙና

pasta de dientes

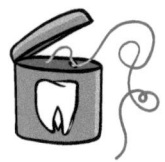

የጥርስ ማፅጃ ክር

hilo dental

መታጠብ

lavar

የእጅ መታጠቢያ

ducha de mano

መታጠቢያ

ducha íntima

ጎድጓዳ ሳህን

pila

የጀርባ ብሩሽ

cepillo de espalda

ሳሙና

jabón

የመታጠቢያ የሚዝለገለግ ሳሙና

gel de ducha

የፀጉር መታጠቢያ ሳሙና

champú

ለስላሳ ጨርቅ

toallita

ፍሳሽ

desagüe

ክሬም

crema

ጠረን መቀየሪያ ንጥረ ነገር

desodorante

መስታወት

espejo

የእጅ መስታወት

espejo de tocador

ምላጭ

maquinilla de afeitar

የመላጫ አረፋ

espuma de afeitar

ከመላጨት በኋላ የሚቀባ ሽቱ

loción postafeitado

ማበጠሪያ

peine

ብሩሽ

cepillo

የፀጉር ማድረቂያ

secador

በፀጉር ላይ የሚነፋ

laca

የፊት መቀባቢያ

maquillaje

የከንፈር ቀለም

pintalabios

የጥፍር ቀለም

pintauñas

የጥጥ ሱፍ

algodón

ጥፍር መቁረጫ

cortauñas

ሽቶ

perfume

ማጠቢያ ባልዲ

estuche de viaje

መቀመጫ

banqueta

ሚዛን

balanza

የመታጠቢያ ልብስ

albornoz

የላስቲክ ጓንት

guantes de goma

ሞዴስ

tampón

የፅዳት ፎጣ

compresa

የሽንት ቤት ኬሚካል

inodoro químico

የልጅ ክፍል
habitación de los niños

የማንቂያ ደዉል ሰዐት
despertador
የህፃን አሻንጉሊት
peluche
የመጫወቻ መኪና
coche de juguete
ማንገጫገጫ መጫወቻ
sonajero
የአሻንጉሊት ቤት
casa de muñecas
ስጦታ
regalo

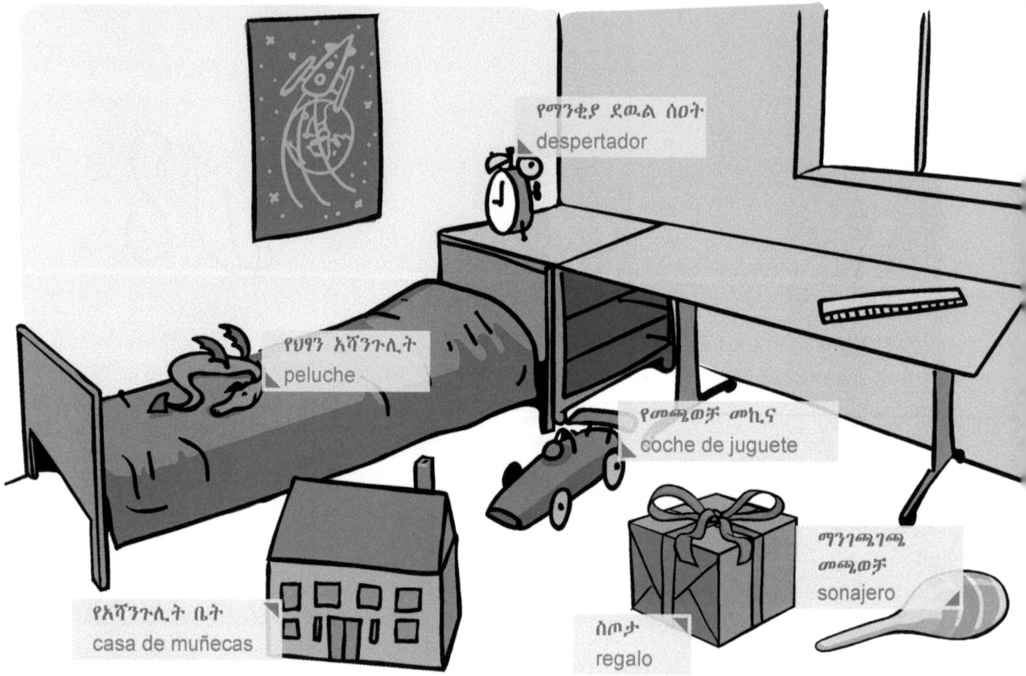

ፊኛ

globo

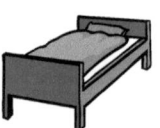

አልጋ

cama

የህፃን ማንሸራሸሪያ ጋሪ

coche de niño

የካርታ መጫወቻ

naipes

ቁርጥራጭ ምስሎችን የማገጣጠም እና ምስል የማግኘት ጨዋታ

puzle

አዝናኝ

tebeo

ተገጣጣሚ መጫወቻ

piezas de lego

የመጫወቻ መገጣጠሚያዎች

bloques de juguete

የድርጊት ምስል

figura de acción

የህፃን እድገት

bodi (de bebé)

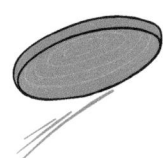

የፕላስቲክ መጫወቻ ዝርግ ሰሀን

frisbee

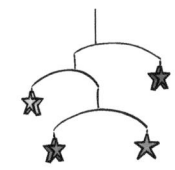

ተወዛዋዥ የህፃን ማጫወቻ

colgador móvil para bebés

የሰሌዳ ጨዋታ

juego de mesa

የመጫወቻ ጠጠር

dados

የመጫወቻ ባቡር

circuito de tren eléctrico

የእንጀራ እናት ጡጦ

maniquí

ድግስ

fiesta

የስዕል መፅሀፍ

álbum de fotos

ኳስ

pelota

አሻንጉሊት

muñeca

መጫወት

jugar

የአሸዋ መጫወቻ

cajón de arena

ዥዋዥዌ

columpio

መጫወቻዎች

juguetes

የቪዲዮ መጫወቻ

videoconsola

ባለ ሶስት ጎማ ብስክሌት

triciclo

የአሻንጉሊት ድብ

oso de peluche

ቁምሳጥን

guardarropa

አልባሳት

ropa

ካልሲዎች

calcetines

ስቶኪንጎች

medias

ታይት

leotardos

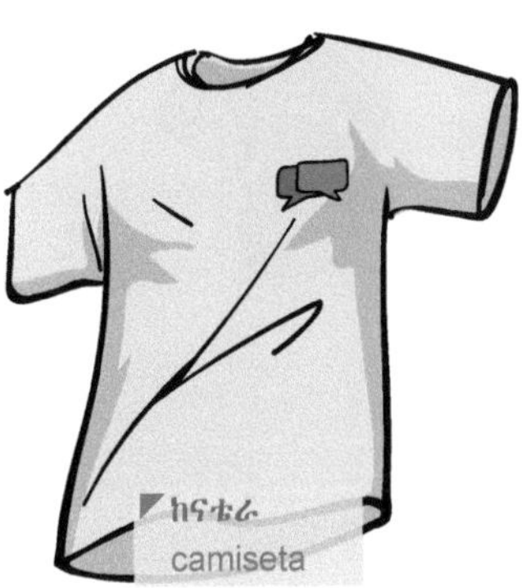

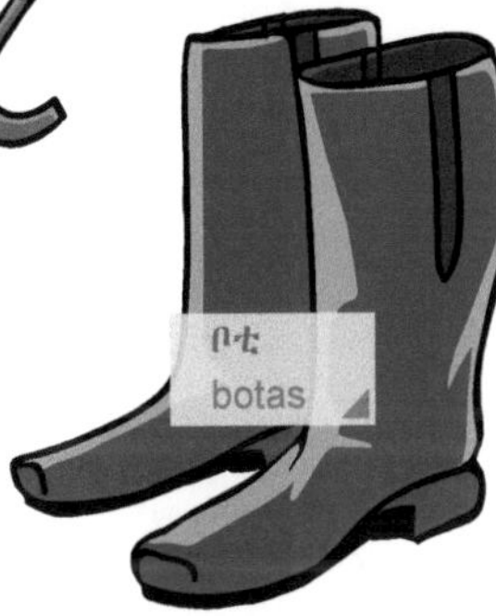

የአንገት ልብስ
bufanda

paraguas

ከናቴራ
camiseta

ቀበቶ
cinturón

ስኒከሮች
deportivas

ቦቲ
botas

የቤት ዉስጥ ነጠላ ጫማ
zapatillas

ነጠላ ጫማዎች

sandalias

ጫማዎች

zapatos

የዝናብ ቡትስ

botas de goma

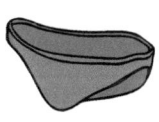

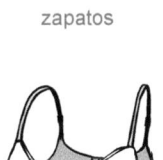

ሙታንታ

slip

ጡት መያዣ

sostén

ሰደርያ

chaleco

ሰዉነት

bodi

ሱሪዎች

pantalones

ጅንስ

vaqueros

ጉርድ ቀሚስ

falda

ሸሚዝ

blusa

ሸሚዝ

camisa

የሚጠለቅ ሹራብ

jersey

ሹራብ

suéter

ዩኒፎርም ጃኬት

blazer

ጃኬት

chaqueta

ኮት

abrigo

የዝናብ ኮት

gabardina

ልብስ

traje

ቀሚስ

vestido

የሙሽራ ቀሚስ

vestido de novia

ሱፍ

traje

የለሊት ልብስ

camisón

የለሊት ልብስ

pijama

ረጅም ቀሚስ

sari

ሂጃብ

bandana

ጥምጣም

turbante

ቡርቃ

burka

ሽርጥ

caftán

አባያ

abaya

የዋና ልብስ

traje de baño

አጭር ቁምጣ

bañador

ቁምጣዎች

pantalones cortos

የስራ ቱታ

chándal

ሽርጥ

delantal

ጓንት

guantes

ቁልፍ

botón

መነፅር

gafas

አምባር

brazalete

የአንገት ሀብል

collar

ቀለበት

anillo

የጆሮ ጌጥ

pendiente

ኮፍያ

gorra

የኮት መስቀያ

percha

ኮፍያ

sombrero

ከረቫት

corbata

ዚፕ

cremallera

የብረት ቆብ

casco

መደገፊያ

tirantes

የትምህርት ቤት የደንብ ልብስ

uniforme escolar

የደንብ ልብስ

uniforme

መሃረብ

babero

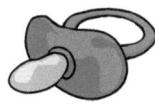

የእንጀራ እናት ጡጦ

maniquí

ሽንት ጨርቅ

pañal

ቢሮ

oficina

servidor
የፋይል መደርደሪያ ካቢኔ
archivo
የህትመት መሳሪያ
impresora
ወረቀት
papel
መቆጣጠሪያ
monitor
ratón
መፃፊያ ጠረጴዛ
escritorio
ማህደር
carpeta
የመፃፊ ቁልፎች
teclado
የቆሻሻ ወረቀት መጣያ ቅርጫት
papelera
ኮምፒዉተር
ordenador
ወንበር
silla

የቡና መጠጫ ትልቅ ኩባያ

taza de café

ማስልያ ማሽን

calculadora

ኢንተርኔት

internet

ላፕቶፕ
....
portátil

ደብዳቤ
....
carta

መልዕክት
....
mensaje

ተንቀሳቃሽ ስልክ
....
móvil

የግንኙነት አዉታር
....
red

ማባዣ ማሽን
....
fotocopiadora

ሶፍትዌር
....
software

ስልክ
....
teléfono

የግድግዳ ሶኬት
....
toma de corriente

የፋክስ ማሽን
....
fax

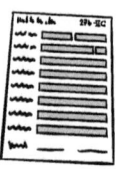

ቅፅ
....
formulario

ሰነድ
....
documento

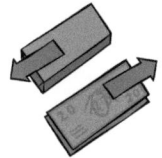

መግዛት

comprar

መክፈል

pagar

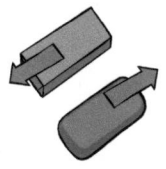

መነገድ

comerciar

ገንዘብ

dinero

ዶላር

dólar

ዩሮ

euro

የን

yen

ሩብል

rublo

የስዊዝ ፍራንክ

franco suizo

CNY

ሬንሚንቢ ዩዋን

renminbi yuan

INR

ሩጲ

rupia

የገንዘብ ነጥብ

cajero automático

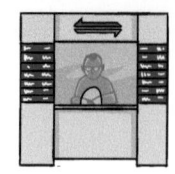

የዉጭ ገንዘብ ምንዛሪ ቢሮ

oficina de cambio de divisas

ወርቅ

oro

ብር

plata

ዘይት

petróleo

ሀይል፤ ጉልበት

energía

ዋጋ

precio

ግንኙነት

contrato

ቀረጥ

impuesto

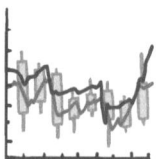

አክስዮን

acción

መስራት

trabajar

ተቀጣሪ

empleado

ቀጣሪ

empleador

ፋብሪካ

fábrica

ሱቅ

tienda

የስራ ሙያዎች

oficios

የፖሊስ አዛዥ
agente de policía
የእሳት አደጋ ሰራተኛ
bombero
ምግብ አብሳይ
cocinero
ዶክተር
médico
አብራሪ
piloto

አትክልተኛ

jardinero

አናጢ

carpintero

ልብስ ሰፊ ሴት

costurera

ዳኛ

juez

ቀማሚ

farmacéutico

ተዋናይ

actor

የአዉቶቢስ ሹፌር

....

conductor de autobús

የታክሲ ሹፌር

....

taxista

አሳ አጥማጅ

....

pescador

ፅዳት ሰራተኛ

....

señora de la limpieza

የጣራ ሰራተኛ

....

techador

አስተናጋጅ

....

camarero

አዳኝ

....

cazador

ሰዓሊ

....

pintor

ጋጋሪ

....

panadero

የኤሌትሪክ ሰራተኛ

....

electricista

ገምቢ

....

obrero

መሃሃዲስ

....

ingeniero

ልኳንዳ

....

carnicero

የቧንቧ ሰራተኛ

....

fontanero

የፖስታ ሰራተኛ

....

cartero

ወታደር

soldado

መሃንዲስ

arquitecto

የሒሳብ ሰራተኛ

cajero

አበባ ሻጭ

florista

የፀጉር ሰራተኛ

peluquero

ቲኬት ቆራጭ

revisor

መካኒክ

mecánico

ካፒቴን

capitán

የጥርስ ሐኪም

dentista

ተመራማሪ

científico

መምህር

rabino

የሙስሊም ሃይማኖታዊ መሪ

imán

መነኩሴ

monje

ካህን

sacerdote

መሳሪያዎች

herramientas

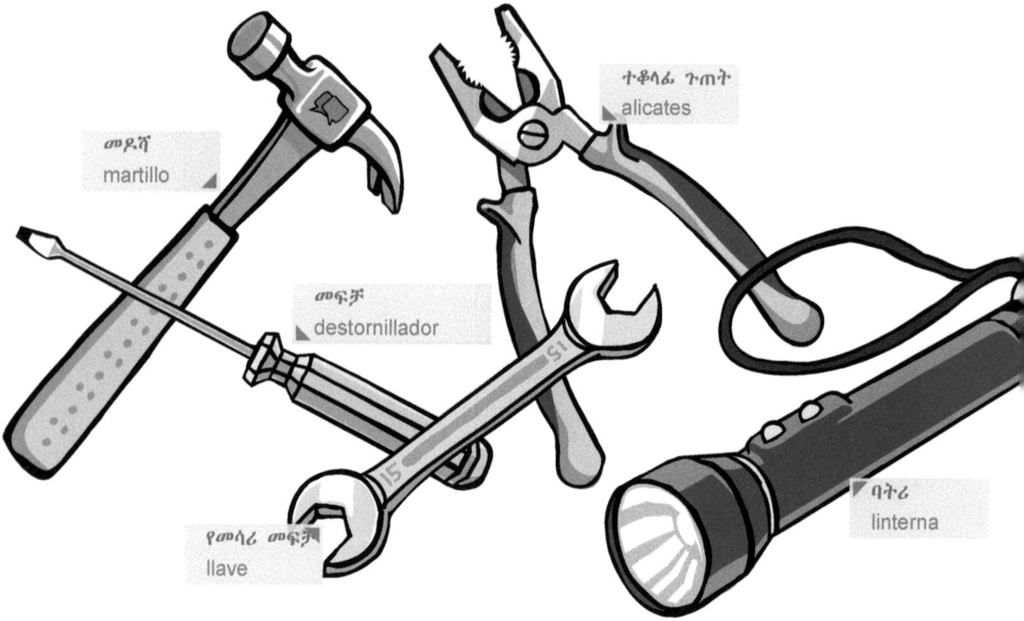

መዶሻ
martillo
ተቆላፊ ጉጠት
alicates
መፍቻ
destornillador
የመሳሪ መፍቻ
llave
ባትሪ
linterna

በቁፋሮ የሚዝቅ

excavadora

የመፍቻ ሳጥን

caja de herramientas

መሰላል

escalera de mano

መጋዝ

sierra

ምስማር

clavos

መሰርሰሪያ

taladro

መጠገን

reparar

አካፋ

pala

የተረገመ!

¡Maldita sea!

ቆሻሻ ማፈሻ

recogedor

የቀለም ቆርቆሮ

bote de pintura

ብሎን

tornillos

የሙዚቃ መሳሪያዎች

instrumentos musicales

የከበሮ መሳሪያዎች
batería
የድምፅ ማጉያ መሳርያ
altavoz
ክራር መሰል የሙዚቃ መሳሪያ
guitarra
የትንፋሽ ሙዚቃ መሳሪያ
trompeta
ድርብ ቤዝ ጊታር
contrabajo

ፒያኖ

piano

ቫዮሊን

violín

ወፍራም፤ ጎርናና ድምፅ ያለዉ
ክራር መሰል ሙዚቃ መሳሪያ

bajo

ነጋሪት

timbales

ከበሮ

tambor

በኤሌክትሪክ የሚሰራ ፒኖ

teclado

የትንፋሽ ሙዚቃ መሳሪያ

saxofón

ዋሽንት

flauta

የድምፅ ማጉያ

micrófono

የደር እንስሳት ማቆያ

ZOO

መግቢያ
entrada
ነብር
tigre
ሳጥን
jaula
የሜዳ አህያ
cebra
የእንስሳ ምግብ
pienso
ትልቅ ድብ
panda

እንስሳቶች

animales

ዝሆን

elefante

ካንጋሮ

canguro

አዉራሪስ

rinoceronte

ትልቅ ዝንጀሮ

gorila

ድብ

oso

ግመል

camello

ሰጎን

avestruz

አንበሳ

león

ጦጣ

mono

ቅልጥመ ረዥም ወፍ

flamingo

በቀቀን

loro

የወዋልታ ድብ

oso polar

የዋልታ ወፎች

pingüino

ረጅም ጥርሶች ያሉትአሳ ነባሪ

tiburón

ጣዎስ

pavo real

እባብ

serpiente

አዞ

cocodrilo

የዱር አራዊት የሚጠበቁበት
ማቆያን የሚጠብቅ

guardián de zoológico

አሳ በሊታ የባህር እንስሳ

foca

የዱር ድመት

jaguar

ድንክ ፈረስ

....

poni

ነብር

....

leopardo

ጉማሬ

....

hipopótamo

ቀጭኔ

....

jirafa

ንስር

....

águila

ከርከሮ

....

jabalí

አሳ

....

pescado

የባህር ኤሊ

....

tortuga

የባህር አዉሬ

....

morsa

ቀበሮ

....

zorro

የሜዳ ፍየል፣ሚዳቋ

....

gacela

የስፖርት አይነቶች

deportes

የአሜሪካ እግርኳስ
fútbol americano
የብስክሌት ስፖርት
ciclismo
ቴኒስ
tenis
የቅርጫት ኳስ
baloncesto
ዋና
natación
የ ጢ ስፖርት
boxeo
የበረዶ ላይ የገና ጨዋታ
hockey sobre hielo

እግር ኳስ

fútbol

የላበ ኳስ ጨዋታ

bádminton

አትሌቲክስ

atletismo

የእጅ ኳስ ስፖርት

balonmano

የበረዶ መንሸራተት ስፖርት

esquí

ረስ ግልቢያ

polo

መፃፍ

escribir

መሳል

dibujar

ማሳየት

mostrar

መግፋት

empujar

መስጠት

dar

መዉሰድ

tomar

መያዝ

tener

ማድረግ

hacer

መሆን

ser

መቆም

estar de pie

መሮጥ

correr

መሳብ

tirar

መወርወር

tirar

መዉደቅ

caer

መዋሸት

yacer

መጠበቅ

esperar

መሸከም

llevar

መቀመጥ

estar sentado

መልበስ

vestirse

መተኛት

dormir

መንቃት

despertar

መመልከት

mirar

ለልቀስ

llorar

መ ር

acariciar

ጠር

peinar

ራት

hablar

መ ዳት

entender

ያቄ

preguntar

ዳመ

escuchar

መጠጣት

beber

መብላት

comer

ንፃት

ordenar

ፍቀር

amar

ምግብ ብሰል

cocinar

መንዳት

conducir

መብ ር

volar

መርከብ መንዳት
....
navegar

ቁጥሮችን ማስላት
....
calcular

ማንበብ
....
leer

መማር
....
aprender

መስራት
....
trabajar

ማግባት
....
casarse

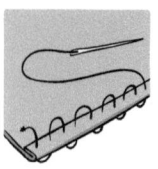

መስፋት
....
coser

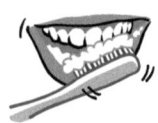

ጥርስ መቦረሽ
....
cepillarse los dientes

መግደል
....
matar

ማጨስ
....
fumar

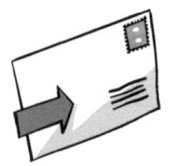

መላክ
....
enviar

የሴት አያት
abuela

የወንድ አያት
abuelo

አባት
padre

እናት
madre

ህፃን
bebé

ሴት ልጅ
hija

ወንድ ልጅ
hijo

እንግዳ

invitado

አክስት

tía

አጎት

tío

ወንድም

hermano

እህት

hermana

አካል

cuerpo

ንባር
frente
ይን
ojo
ፊት
cara
ገጭ
barbilla
ጡት
pecho
ት
dedo
ጅ
mano
ክንድ
brazo
hombro
ር
pierna

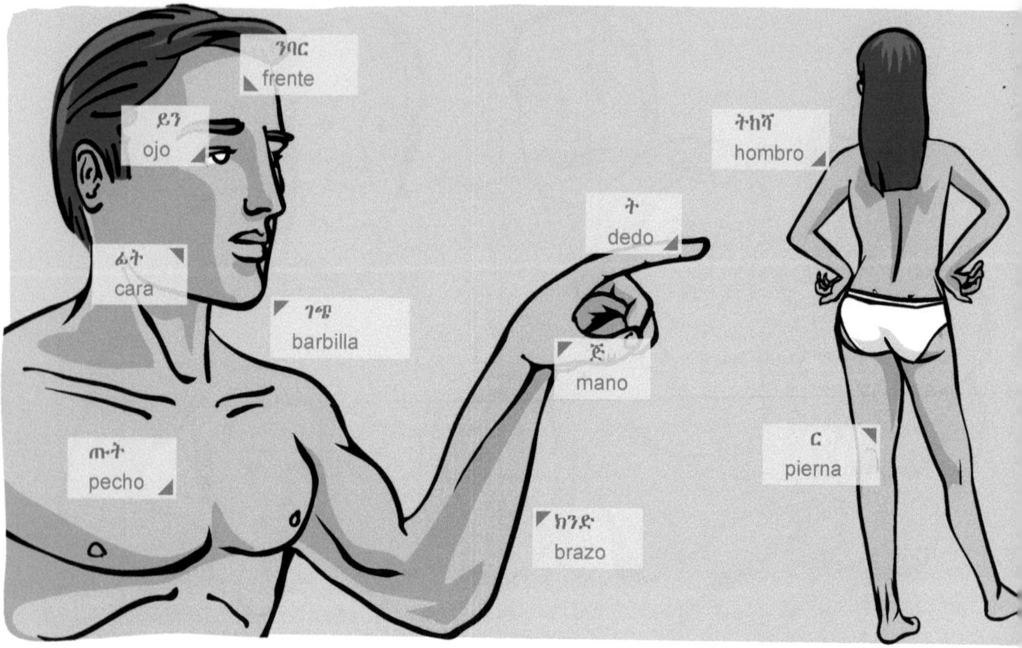

ህፃን

bebé

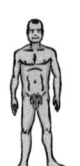

ሰዉ

hombre

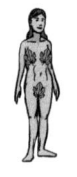

ሴት

mujer

ልጃገረድ

chica

ወንድ ልጅ

chico

ራስ

cabeza

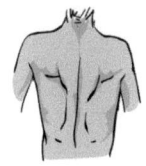

ጀርባ
espalda

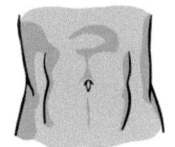

ሆድ
vientre

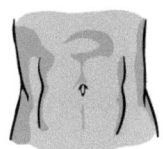

እምብርት
ombligo

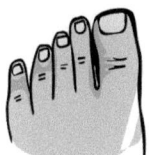

የእግር ጣት
dedo del pie

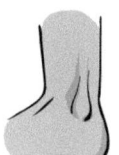

ተረከዝ
talón

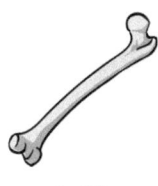

አጥንት
hueso

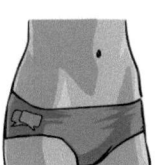

ዳሌ
cadera

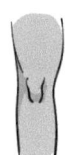

ጉልበት
rodilla

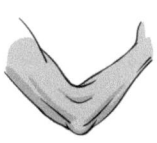

ክርን
codo

አፍንጫ
nariz

ቂጥ
trasero

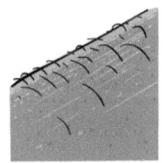

ቆዳ
piel

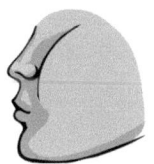

ጉንጭ
mejilla

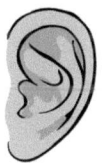

ጆሮ
oído

ከንፈር
labio

ፍ

boca

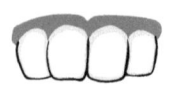

ርስ

diente

ምላስ

lengua

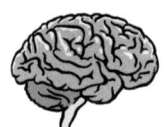

ጎል

cerebro

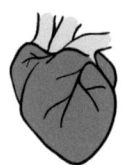

ል

corazón

ጡ ቻ

músculo

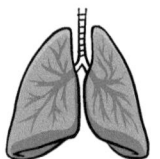

ሳምባ

pulmón

በት

hígado

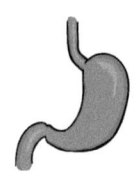

ሆድ

estómago

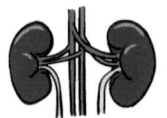

ኩላሊቶች

riñones

የግ ረስጋ ግ ኙነት

sexo

ኮ ዶም

condón

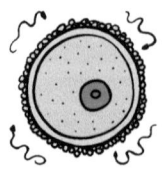

የሴት እ ቁላል

ovario

የዘር ፈሳሽ

semen

እርግዝና

embarazo

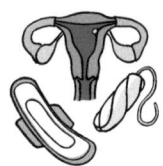

የወር አበባ

menstruación

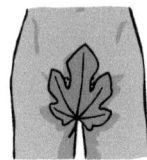

እምስ

vagina

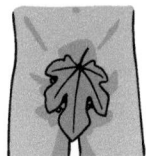

ቁላ

pene

ቅንድብ

ceja

ፀጉር

pelo

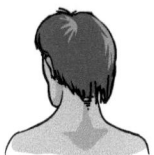

አን ት

cuello

ሆስፒታል

hospital

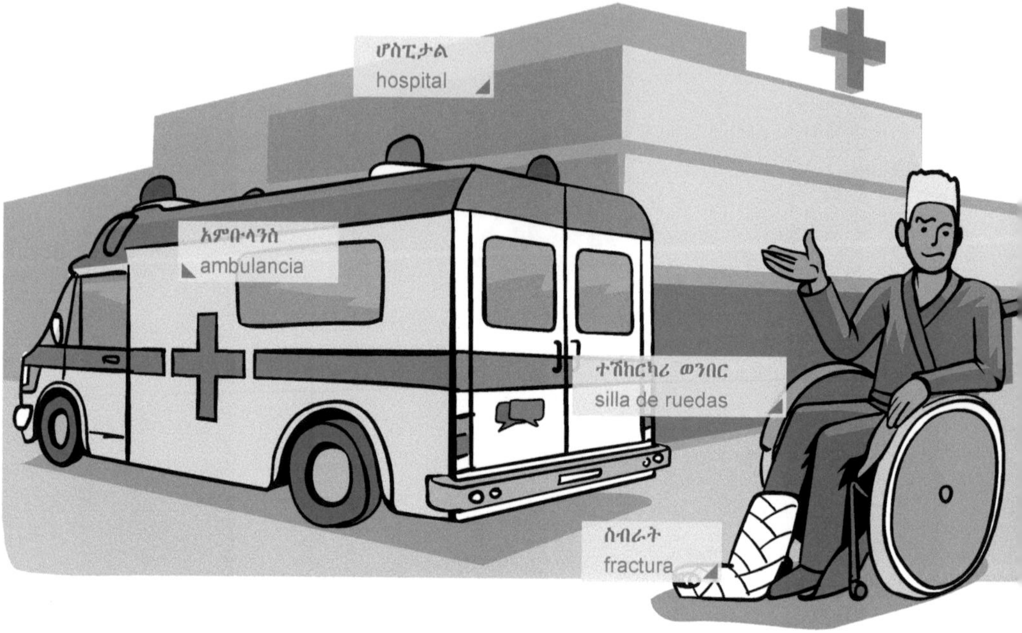

ሆስፒታል
hospital
አምቡላንስ
ambulancia
ተሽከርካሪ ወንበር
silla de ruedas
ስብራት
fractura

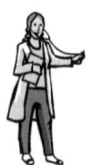

ዶክተር

médico

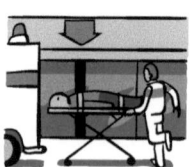

ድንገተኛ ክፍል

sala de urgencias

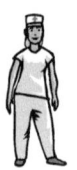

ነርስ

enfermera

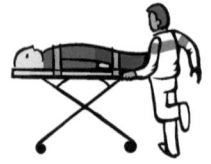

ድንገተኛ

urgencia

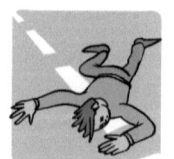

ራስን መሳት/ አለማወቅ

inconsciente

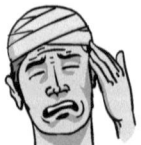

ህመም

dolor

ጉዳት

lesión

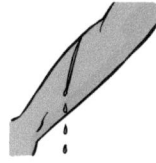

መድማት

hemorragia

የልብ ድካም

infarto

ስትሮክ

ictus

አለርጂ

alergia

ሳል

tos

ትኩሳት

fiebre

ኢንፍሎዌንዛ

gripe

ተቅማጥ

diarrea

የራስ ምታት

dolor de cabeza

ካንሰር

cáncer

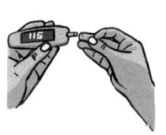

የስኳር በሽታ

diabetes

ቀዶ ጠጋኝ ሐኪም

cirujano

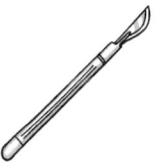

የቀዶ ጥገና ስለት

bisturí

ቀዶ ጥገና

operación

ሲቲ

TAC

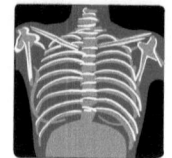

ኤክስሬዮ

rayos x

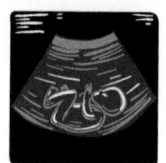

አልትራሳዉንድ

ultrasonido

የፊት ጭምብል

mascarilla

በሽታ

enfermedad

መጠበቂያ ክፍል

sala de espera

ምርኩዝ

muleta

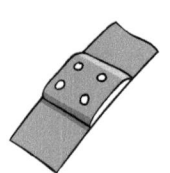

የቁስል ማሽጊያ

tirita

ፋሻ

venda

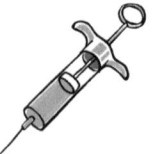

መርፌ

inyección

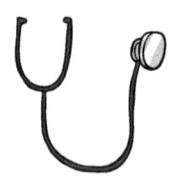

የልብ ምት ማዳመጫ መሳሪያ

estetoscopio

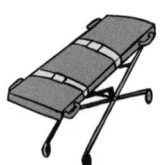

የበሽተኛ አልጋ

camilla

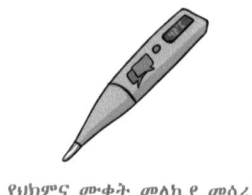

የህክምና ሙቀት መለኪያ መሳሪያ

termómetro

መውለድ

nacimiento

ክልክ ያለፈ ክብደት

sobrepeso

ለመስማት የሚረዳ መሳሪያ

audífono

ፀረ ተባይ መድሀኒት

desinfectante

ማመርቀዝ

infección

ቫይረስ

virus

ኤች አይቪ ኤድስ

VIH / SIDA

ህክምና

medicina

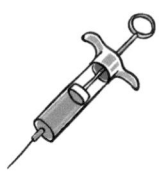

ክትባት

vacunación

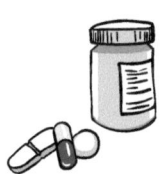

ኪኒን

tabletas

ኪኒን

pastilla

አስቸኳይ የስልክ ጥሪ

llamada de urgencia

ደም ግፊት መቆጣጠሪያ

tensiómetro

ህመም/ ጤንነት

enfermo / sano

ድንገተኛ
urgencia

እርዳታ!

¡Socorro!

ማንቂያ ደወል

alarma

ጥቃት

asalto

ድብደባ

ataque

አደጋ

peligro

የድንገተኛ መዉጫ

salida de emergencia

እሳት!

¡Fuego!

እሳት ማጥፊያ

extintor de incendios

አደጋ

accidente

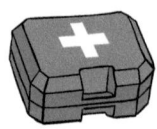

የመጀመሪያ እርዳታ መድሃኒት መያዣ

botiquín de primeros auxilios

ነፍስ አድን

SOS

ፖሊስ

policía

አዉሮፓ

Europa

ሰሜን አሜሪካ

Norteamérica

ደቡብ አሜሪካ

Sudamérica

አፍሪካ

África

እስያ

Asia

አዉስትራሊያ

Australia

አትላንቲክ

Atlántico

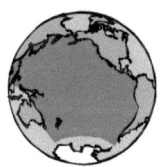

ፓስፊክ

Pacífico

የህንድ ዉቅያኖስ

Océano Índico

አንታርክቲክ ዉቅያኖስ

Océano Antártico

አርክቲክ ዉቅያኖስ

Océano Ártico

ሰሜን ዋልታ

polo norte

ደቡብ ዋልታ
polo sur

አንታርክቲካ
Antártida

ምድር
tierra

መሬት
tierra

ባህር
mar

ደሴት
isla

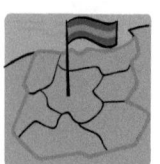

አገርና ህዝብ
nación

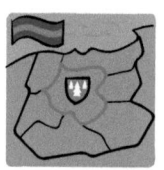

መንግስት
estado

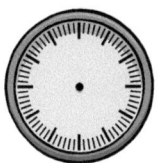

ሰዓት

hora(s)

የሰዓት ገፅታ

esfera

ሰዓት

manecilla de las horas

ደቂቃ

minutero

ሴኮንድ

segundero

ስንት ሰዓት ነው?

¿Qué hora es?

ቀን

día

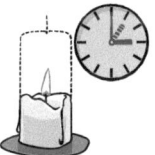

ጊዜ

tiempo

አሁን

ahora

የቁጥር ሰዐት

reloj digital

ደቂቃ

minuto

ሰዓታት

hora

ሳምንት

semana

MO
TU
W
TH
FR
SA
SO
ሰኞ
lunes
ክሰኞ
martes
ረቡዕ
miércoles
ሐሙስ
jueves
አርብ
viernes
sábado
እሁድ
domingo

ትላንት
....
ayer

ዛሬ
....
hoy

ገ
....
mañana

ዳ
....
mañana

ቀትር
....
mediodía

ምሽት
....
tarde

የስራ ቀናት
....
días laborables

የዕረፍት ቀናት
....
fin de semana

ዝናብ
lluvia
ቀስተ ዳመና
arcoíris
ጥጥ የሚመስል አመዳይ
በረዶ
nieve
viento
ፀደይ
primavera
በጋ
verano
መኸር
otoño
ክረምት
invierno

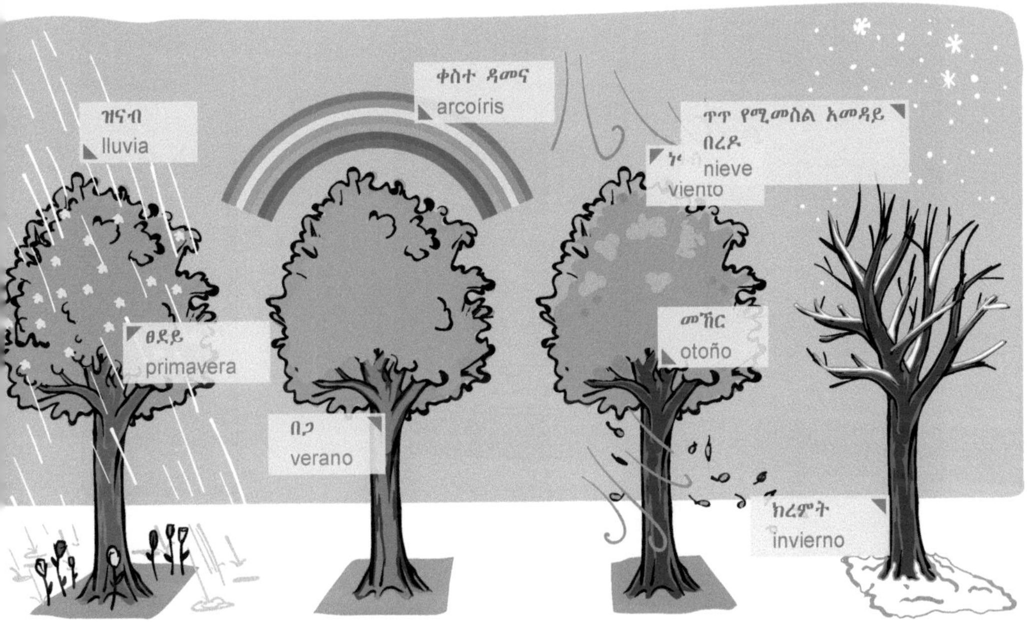

የአየር ሁኔታ ትንበያ

pronóstico del tiempo

የሙቀት መለኪያ

termómetro

የፀሀይ ሙቀት

sol

ደመና

nube

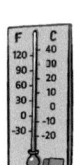

ጭጋግ

niebla

እርጥበታማነት

humedad

መብረቅ

rayo

ነጎድጓድ

trueno

አዉሎ ንፋስ

tormenta

የበረዶ ዝናብ

granizo

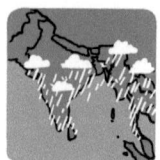

አዉሎ ንፋስ

monzón

ጎርፍ

inundación

በረዶ

hielo

ጥር

enero

የካቲት

febrero

መጋቢት

marzo

ሚያዝያ

abril

ግንቦት

mayo

ሰኔ

junio

ሐምሌ

julio

ነሀሴ

agosto

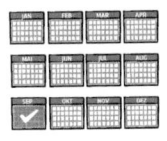

መስከረም
....
septiembre

ጥቅምት
....
octubre

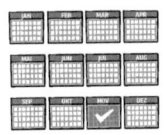

ህዳር
....
noviembre

ህሳስ
....
diciembre

ርፆች

formas

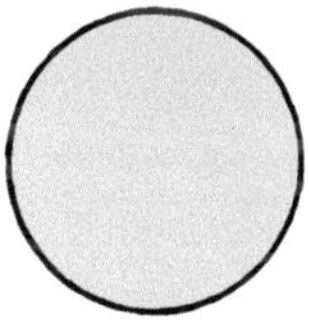

ብ
....
círculo

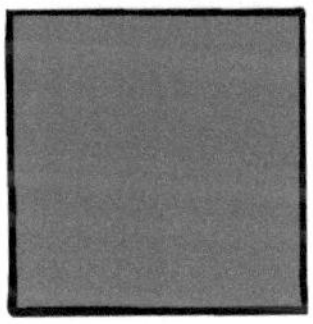

ራት ማዕዘን
....
cuadrado

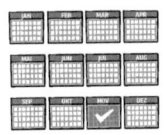

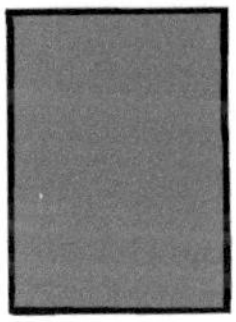

ራት ቀጥተኛ ማዕዘኖች ጎኖች ያሉት ቅርፅ
....
rectángulo

ስት ማዕዘን
....
triángulo

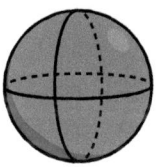

ሉል
....
esfera

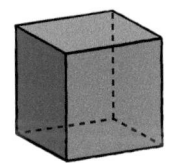

ስድስት ጎን ያለዉ ቅርፅ
....
cubo

ቀለማት

colores

ነጭ

blanco

ቢጫ

amarillo

ብርቱካናማ

anaranjado

ሮዝ

rosa

ቀይ

rojo

ወይን ጠጅ

morado

ሰማያዊ

azul

አረንጓዴ

verde

ቡኒ

marrón

ግራጫ

gris

ጥቁር

negro

ብዙ/ ጥቂት

mucho / poco

ንዴት/ እርጋታ

enojado / tranquilo

ቆንጆ/ አስቀያሚ

bonito / feo

ጅማሬ/ ፍፃሜ

principio / fin

ትልቅ/ ትንሽ

grande / pequeño

ደማቅ/ ደብዛዛ

claro / oscuro

ወንድም/ እህት

hermano / hermana

ንፁህ/ ቆሻሻ

limpio / sucio

የተሟላ/ ያልተሟላ

completo / incompleto

ቀን/ ምሽት

día / noche

የሞተ/ ህያዉ

muerto / vivo

ሰፊ/ ጠባብ

ancho / estrecho

የሚበላ/ የማይበላ

comestible / no comestible

ክፉ/ ደግ

malo / amable

ደስተኛ/ ድብርተኛ

entusiasmado / aburrido

ወፍራም/ ቀጭን

gordo / delgado

መጀመርያ/ መጨረሻ

primero / último

ጓደኛ/ ጠላት

amigo / enemigo

ሙሉ/ ጎዶሎ

lleno / vacío

ጠንካራ/ ለስላሳ

duro / blando

ከባድ/ ቀላል

pesado / ligero

ረሃብ/ ጥማት

hambre / sed

ህመም/ ጤንነት

enfermo / sano

ህገወጥ/ ህጋዊ

ilegal / legal

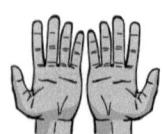

ጎበዝ/ ደደብ

inteligente / tonto

ግራ/ ቀኝ

izquierda / derecha

ቅርብ/ ሩቅ

cerca / lejos

አዲስ/ አሮጌ
....
nuevo / usado

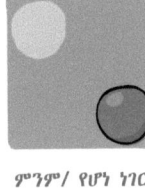

ምንም/ የሆነ ነገር
....
nada / algo

ማግሌ/ ወጣት
....
viejo / joven

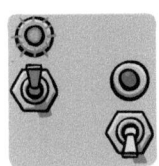

የበራ/ የጠፋ
....
encendido / apagado

ክፍት/ ዝግ
....
abierto / cerrado

ፀጥታ/ ጫጫታ
....
silencioso / ruidoso

ሃብታም/ ደሃ
....
rico / pobre

ትክክለኛ/ የተሳሳተ
....
correcto / incorrecto

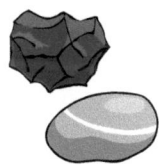

ሻካራ/ ለስላሳ
....
áspero / suave

ሐዘን/ ደስታ
....
triste / contento

አጭር/ ረዥም
....
corto / largo

ዝግተኛ/ ፈጣን
....
lento / rápido

እርጥብ/ ደረቅ
....
húmedo / seco

ሞቃት/ ቀዝቃዛ
....
cálido / frío

ጦርነት/ ሰላም
....
guerra / paz

ተቃራኒዎች - opuestos

ቁጥሮች

números

0

ዜሮ

cero

1

ንድ

uno

2

ሁለት

dos

3

ሶስት

tres

4

ራት

cuatro

5

ምስት

cinco

6

ስድስት

seis

7

ሰባት

siete

8

ስምንት

ocho

9

ዘጠኝ

nueve

10

ስ

diez

11

ስራ ንድ

once

12

አስራ ሁለት

doce

13

አስራ ሶስት

trece

14

አስራ አራት

catorce

15

አስራ አምስት

quince

16

አስራ ስድስት

dieciséis

17

አስራ ሰባት

diecisiete

18

አስራ ስስምንት

dieciocho

19

አስራ ዘጠኝ

diecinueve

20

ሃያ

veinte

100

መቶ

cien

1.000

ሽህ

mil

1.000.000

ሚሊዮን

millón

ቋንቋዎች
idiomas

እንግሊዝኛ

inglés

የአሜሪካ እንግሊዝኛ

inglés americano

የ ይና ማንዳሪን

chino mandarín

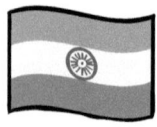

ሂንዱ

hindi

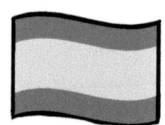

ስፓኒሽ

español

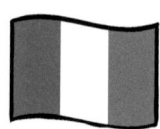

ፍሬንች

francés

አረብኛ

árabe

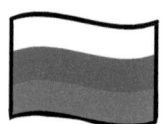

ራሺያኛ

ruso

ፖርቱጊዝ

portugués

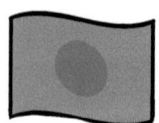

ቤንጋሊ

bengalí

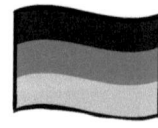

ጀርመን

alemán

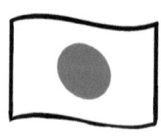

ጃፓንኛ

japonés

ማን/ ምን/ እንዴት
quién / qué / cómo

እኔ

yo

አንተ

tú

እሱ/ እርሷ/ እቃዉ

él / ella / ello

እኛ

nosotros/as

አንተ

vosotros/as

እነርሱ

ellos/as

ማን?

¿quién?

ምን?

¿qué?

እንዴት?

¿cómo?

የት?

¿dónde?

መቼ?

¿cuándo?

ስም

nombre

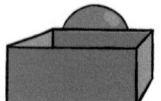

ት

dónde

ስተጀርባ
....
detrás

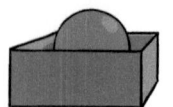

ስጥ
....
en

ፊት ለፊት
....
delante de

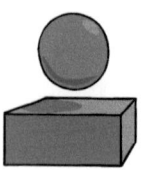

ይ
....
por encima de

ይ
....
sobre

ስር
....
debajo de

ጠገብ
....
junto a

መሃ ል
....
entre

ቦታ
....
lugar